SEM PASSAGEM PARA BARCELONA

ALBERTO BRESCIANI

SEM PASSAGEM PARA BARCELONA

1ª edição

JOSÉ OLYMPIO
EDITORA
Rio de Janeiro, 2015

© Alberto Bresciani, 2015

Reservam-se os direitos desta edição à
EDITORA JOSÉ OLYMPIO LTDA.
Rua Argentina, 171 – 3º andar – São Cristóvão
20921-380 – Rio de Janeiro, RJ – República Federativa do Brasil
Tel.: (21) 2585-2060
Printed in Brazil / Impresso no Brasil

Atendimento e venda direta ao leitor
mdireto@record.com.br
Tel.: (21) 2585-2002

ISBN 978-85-03-01245-4

Capa: Regina Ferraz

Texto revisado segundo o novo Acordo Ortográfico da Língua Portuguesa

CIP-BRASIL. CATALOGAÇÃO NA FONTE
SINDICATO NACIONAL DOS EDITORES DE LIVROS, RJ.

	Bresciani, Alberto, 1961-
B849s	Sem passagem para Barcelona / Alberto Bresciani. – 1ª ed. – Rio de Janeiro: José Olympio, 2015.

ISBN 978-85-03-01245-4

1. Poesia brasileira. I. Título.

CDD: 869.91
15-19046   CDU: 821.134.3(81)-1

"A viagem para o muito longe desce por dentro da pele"

(Evandro Affonso Ferreira,
Minha mãe se matou sem dizer adeus)

"Agora a certeza de quem vê cavalos voando"

(Raimundo Carrero,
Seria uma sombria noite secreta)

SORTE

O destino não nos pertence
nem a deuses runas
ou a leitoras de entranhas

A nudez e a tardia
indisciplina dos corpos
inutilmente perseguem a luz

Como agora
arriscar as veias?
Onde se apaga
o vazio?

Soube de búfalos
que trocam o cansaço
pela própria morte

AINDA SOBRE FALAR BRETÃO
(SEM TRADUÇÃO)

Não dizer palavra

aos pais irmãos amigos
mulher marido amante
aos filhos vizinhos
à florista ao taxista

ao desejo que enlouquece
à mão que alisa corta aperta
à sede e à fome de sangue corpo
vingança e ar

às enfermeiras de Paol Keineg

Ou dizê-las todas

às paredes

BAQUE

Jonas entrou na baleia e sentiu
naquelas entranhas o melhor destino

não pôde evitar seus pelos
e uma convulsão explodiu nas vísceras

arremessado contra as rochas Jonas
ainda guarda memórias azuis e antigas

os olhos de vidro têm um estranho
estático brilho

PERPLEXIDADE

I

O Deus que conheço
não morreu

Está

Entre fome e fama
em meio ao que explode ou afaga
flor e moeda

Terras que escorrem
matam crianças
cavalos
a última ave

Mas sim
está

II

Depois do grito do riso
restam farpa tarefa burla
atalho-algum que me
engane ou salve?

III

No encalço da crença
um céu branco

estanca

FLAYED FIGURE

Repito
o ritual do esfolamento

(ao lado
todas essas coisas
de cor e som)

Você trouxe os pássaros
o cão cego
ofereceu poemas
em outras línguas

Ainda arranco a pele
mas agora
veja
só em segredo

RADICAL

A despeito do medo de altura
e de escadas verticais
subir ao topo do prédio
olhando para o alto —
um convite a prometidos sinais

Fácil escalar esquecendo
as histórias do solo
o mergulho possível
— pássaro mal empenado que arrisca
aprende a voar e deixa
o gemido das pedras
antes que o mate a fome —

No cimo desse edifício
enfim quase se toca o céu e além disso
(do céu) pouco há
A leste oeste norte ou sul
tudo avança ao igual e ilusório
E ainda o vento varre até os restos
abandonados e lembra
que a boca mais desejada sopra abismos
cola calcário à língua

Talvez voltar mas voltar é pior
a vertigem apaga pegadas

Lá em cima
sobra andar de um lado ao outro
comer pedaços de azul e esperar
a voz dos cortes fechados

Ela (a voz) tem seu preço
e no entanto ensina
a secar a umidade e o musgo e o lodo
dessa chuva chovendo por dentro

E agora que outra ave irrompe
nem eles (cume chuva ou ave) importam

A loba uiva o tempo
ver ouvir provar é tão bom
os dias são o que são
uma única vez

nem contar até três
pular

RITUAL

Neste lugar de sofrimentos vãos
(repleto de quartzos e conchas cortantes
fraturas escárnio lanças e quedas)
as cem virtudes dela ataram suas pontas
às pontas do meu corpo

Cem dedos cedo muito antes
do antes envolveram nossas mãos

E não
Não era mito ou lenda
Era o que era: história trama banal
uma avenida esquina rima
sina pura de quem sabe
atravessar muralhas cores
toda dor frio aço êxtase
Meus medos e delírios engolidos
no fundo da flor
na flor da minha cama

Quando os anjos caíram
já era tão depois tarde tão depois
que nunca soube aprender resposta
nem guerra sem sentir o ar fluindo
pela geografia dessa pele
— arma e armadura caminho
resposta sorte cura

E tão melhor muito mais do que
serei eu sempre e como for

Entre detonações e torres traídas
entre um sonho cinza e outro azul
ervas alfazemas e águias
eu convido repito víscera ainda
e ainda véu ainda digo eu quero a dança
teus renascidos e fundos ser e estar
que me tocam e me salvam do tempo
O infinito na minha boca

TRADUÇÃO

Confesso meu amor
imenso às ilhas

Claro está
não falamos
a mesma língua

Não sei se me ouvem
e percebem

mas em meio às ondas frias
um cardume de águas-vivas
lambe de azul
as pernas
o corpo

No gosto
no gozo

Eu

imerso

INTIMIDADE

Por que não tocar o tormento
ou a clara emanação do teu rosto
e deixar crescer coisa memória
com mais substância
do que palavra

Moldemos em barro de tijolos
a mistura desses nomes
baixos-relevos secretos
para todos ignorados

A gota sabe

o momento é pouco
é sagrado
e breve
a terra o engole

BEIJA-FLOR

Dedos cortados sobre a mesa
cinco cactos presos aos pés

Volto os olhos ainda posso
salto da dor abrindo caixas

Dos escuros e das farpas
liberto tuas asas tulipas

Linhas claras suturam
fendas ou rompem paredes

O sol no chão no ventre
aprendo a contornar arestas

e caminho sobre os cacos
evitando caracóis em trânsito

— sem armas
às vezes asco
outras lábio

OPÇÃO

Arquitetos adotam a transparência
como regra e matéria-prima
cobrem as cidades com casas de vidro
quase tudo se sabe
de lado a lado

é livre a visão
do peito rasgado
da luz que se apaga
dois gatos à espera
papilas que exultam

(o verbo esconder resseca
as coordenadas abertas)

há até quem prefira
vender suas vestes
e assim exposto
no ventre da urbana vitrine
apenas estar
em linha reta

outros rezam
pelo final das tempestades
ou pelo tiro na testa

BOLETIM

O incêndio teve início por nada
mistério insensato
talvez a manobra
de insidiosos insetos

O fato é que ao tempo de um gesto
mil hectares de lavanda
estavam em chamas

nas extremidades desse mundo em fogo
opostos e separados e imóveis
aspirávamos a fumaça negra
perplexos já quase mortos
pelas perdas

A despeito da sufocação
na memória
um perfume
resistia

MUDA

O estranhamento nesses excessos
ele coberto de panos mantos luvas meias
o quarto sem janelas repleto de móveis
tapetes objetos ornamentos
(eu estou doente — ele diz)

Soa o alarme e aos pares
desaparecem as roupas o mobiliário as coisas

O processo não se explica não cessa
até que estejam ele nu
e desocupado o cômodo

Exposto e só na ausência plena
não há por que ou a quem gritar
e nada justifica que continuem
batendo à porta sem trégua
se não há maçaneta ou chave por dentro
(eu não posso abrir — ele pensa)

Enquanto caem seus dentes unhas
cabelos e a pele encolhe e os nervos queimam
e os pulmões secam e a febre ferve
os tijolos vão se apagando um a um
e nenhum som lembra o que era antes

Então ele vê mãos braços joelhos
sexo pelos regenerados
outra voz

Ainda atordoado levanta-se e percebe
que está livre e são
(eu sairei — ele decide)

A dúvida consiste em saber
se há de nele cremar os mortos
ou deixá-los como lembrança
abandonados à espontânea decomposição

VERSO E ANVERSO

Sobre o penhasco
o cão hirto
fixa o barco
no traço do mar

Lamenta? Celebra?

Ele o homem
vira-se e vê

um cão igual
no barco
mira o outro

Foge? Escolhe?

Não há tempo
ou resposta

Ele
o homem
é o cão no penhasco
é também
o cão
no barco

CONTRASTE

Do fundo ou perto da superfície
pensamentos-peixes perguntam
o que ensina o ar

As membranas invejam o voo
no alto do outro lado
Querem penas
e elas não virão

A mensagem das algas
mostra que ao reverso
nem toda ave
nada

Esquecer — diz a areia —
até de esquecer e de escolher
ressurreições

essas escolhas são papel de traça
enquanto olhos são de ver
o dia como o dia é
submerso para o líquido
alado para as asas

QUANDO ELA FOI PARA BREMEN

I

No último dia
ela disse eu te amo
não posso engolir o desejo
por mais cinco milhões de anos

Foi então como se tudo descansasse
as sombras se levantaram
e cada cor estava nua
em sua própria luz

II

Brevemente

III

Com a cabeça ainda apoiada
os ombros ardiam
eram carvão chama ácido
o corpo queimava
e esmagou-o a rocha

Já não podia tocar seu rosto
embora o visse
em janelas fechadas
nas coisas que caem racham
não se curam e matam

VIAGEM

Um sortilégio e acordou
na seção de esculturas clássicas
do Museu do Louvre

Um terrível sátiro
nele cravava seus olhos de ferro
e disse-lhe enquanto o prendia
Ouve: entrega tua alma ou te devoro

Sob horror e sem saber de onde a coragem
escorregou daqueles tentáculos ígneos
para a sala vizinha
onde a rainha visigoda e pagã
deixou atavios e sono eterno
para o lamber em salvação

Sou aquela a quem pertencemos
ela sussurrou
tocando-lhe a testa e o sexo
ao tempo em que sobrevoavam
a pira ritual

Você escapou do cerco de peçonha
da criatura que já apodrece em inação
mas nós
ah nós

voltaremos e voltaremos
para sempre aos caminhos
da dança e do canto e dos prazeres
com que nos açulam as plumas
desta tutelar
ave-lira

CARMA

Quando perdia o sono pensava
no revoo de pássaros africanos
O tempo era mais

Vieram os saltos
avalanches erupções a invasão
e o retrocesso das águas

Os arquipélagos alados se foram
deixaram seca a savana
a noite estéril
feroz a insônia

Com a vigília herdada atrapalho-me
perco os pés e as mãos
volto ao amorfo
um corpo inumano

Apenas ideia salvo-me da ira dos predadores
perplexos diante da terrível aparência ·

Crio raízes cresço vegetal sem seiva
a traqueia anaeróbica um vaso lenhoso
escondo-me em essência no ventre de planta

antes era úmida essa planície
era promessa todo verbo

Mas vício ainda
resta a marca de nascença
: naquela terra de amor e cio
cairei pouco a pouco
amor e cio embora
até a última folha
desta árvore

ARROLAMENTO

Os castelos ruíram
(eram de cartas)

Ao sobrinho distante
leguei dois ducados
uma cidade em sítio

e a estação das chuvas
cobrindo os muros
de limo

Ao fim sobram-me
a ilha e a casa

Mais refulgem os meninos
Rita convida para o almoço
dois ou três amigos
se importam comigo

No horizonte
tumbérgias azuis
ainda insistem
e gestam um lugar

TÁXON

Certos animais noturnos
não mastigam sombras
ou concebem escuros

(apenas se escondem
de enzimas letais
e adagas do sol)

Com aguçados sentidos
encontram açúcares
em nichos ocultos
guardam as crias
lambem as curvas das folhas

Aprendem os sons
de outras espécies
e se disfarçam
imitando seus ritos
no fundo do breu

Antes do dia porém
sobem às árvores
lá enfrentam as orlas do medo
e mais fortes transmutam-se
: pássaros

Afinal
iridescem
seus corpos nus

ESTUDO PARA CINCO HOMENS E
DUAS JANELAS

O clone um abre o sol e a porta o segue
recolhe a pasta azul repleta de azul (e de não saber)
À pelúcia cobrirão pele penas pelos
escamas espinhos (um dia lâminas)
mas está tudo tão limpo que ignora até a semente no
[chão

O clone dois aperta a gravata e não nota
(esse tempo ainda não é)
A tinta é a do desejo e como na aula de artes
provoca o sexo com lixa isopor ou veludo
: *body jump* corta as veias escreve a lápis sem papel

O número três veste três ternos
cobre três tempos e se esquece do corpo
O que lhe importa se gatos são pardos
se não há dia ou noite?
Quem pode saber de Samsa
com tanta pressa para ver o nada?
Não nota as lacunas e sequer apaga em seu *notebook*
o *spam* malicioso oriundo da Noruega central

O quarto homem perdeu a hora
e assim se chora ou ri
escancarando os braços as pernas e o ventre

ainda crê em salvação
evoca encarnações pregressas
quando foi taxista ganso sapo golpista ou rato
e tem dúvidas sobre a melhor posição
: diante do cano ou atrás do gatilho

O clone cinco deu de cara com a parede
e a parede lhe abriu janelas cegas mas vociferantes
Uma diz *go*
A outra *stop*

Lembra-se da pasta azul e regressa
respirando por aparelhos
Talvez encontre a declaração em papel timbrado
que lhe diga e prove ao morto o contrário
e que por sob o medo a repulsa o desprezo
escape uma linha de luz

Uma quadra depois no café
por um instante se esquece
alegra-se e quase vê todos juntos
mas de qualquer modo
ainda não sabe

CATÁLOGO

Na tua boca
qualquer palavra
me cai bem

MANHÃ

Cedo é ave que risca o torso
há florestas nessa cena
uma fenda nas coisas tristes

CONTENTAMENTO

Se isso garantisse
carne e delírio
ou luxuriantes intumescências

penso que fera embora
não hesitaria
em oferecer-me
à morte

por esfaqueamento

MUDANÇA

Abrimos mão dos vulcões
montanhas degelos

No entre (o vale)
erguemos a casa

Ao murmúrio branco
de um rio

em silêncio abraçados
soubemos

PRESENÇA

Melhores os dias
quando esquecemos

(as horas são horas
só horas)

Vez por outra
ainda acontece
de vir ao corpo
uma voz

que fulgura
a palavra
sol

ORIENTE

Em Jaipur havia
uma piscina imensa morna
cravejada de pedras preciosas

onde cem mulheres
nadavam nuas

seus seios eram como fartas flores
aquáticas e comestíveis

flutuavam à superfície do desejo
e um só egoísta
as recolhia

ARTE

Abrir os olhos acender o abajur
acender a janela o dia — ainda que
ali também se iluminem tempestade e noite

Fugir de protocolos presságios
destruir falsos alarmes cordas
compulsões grades forcas

E encontrar uma razão ou nenhuma
ou só a sensação mas a graça de estar
sobre verdadeiras ou fictícias mil cores

amnesiantes para o que mata
vorazes fortes certas vibrantes
alucinógenas como nas flores

de Beatriz Milhazes

BRIGHT STARS

Pensando na palavra harmonia
pareceu-me que caía muito bem
para as duas mulheres de meia-idade
sentadas frente a frente
— as mãos entrelaçadas —
no centro do restaurante

Indiferentes distraídas ou ausentes
dos olhares que as dissecavam
talvez esquecessem
crateras trincheiras cercos

enquanto submersas
fantasiavam — como no extremo do poema
ou como bailarinas dançando em ponta —
o uso superlativo de seus sexos
logo após a sobremesa

ANESTESIA

Esqueço interrogações
no perfume
de cerejas e amoras
que promete
a tua boca

ÁTIMO

Lisa a pele quente
acende o perfume

sem fios ou tramas
cai o tato sobre o mamilo esquerdo

pequenos declives e reentrâncias
evoluem depois em montes montanhas
na cartografia dos corpos

os ventos (feitos de pele) engasgam vísceras
enfurecem-nas são cores de gigantes em luta
contra a provável extinção

a boca em brasa agora bebe o abandono
a língua lateja agulhas nos poros
abre-se a porta da pedra

e nem se pense em gatos noturnos sobre muros
ou em metáforas vegetais para descrever
o que dali em chama aflora
escorre pelas pernas
— wagneriano rasgar das gônadas

muito mais do que olhar ou guardar
cingir arder explodir a medula
cravar os dentes na própria ou alheia carne
como leões em transe

POR (A)VENTURA
(como em M. Duras)

Lucy nua no corredor na rua
seus *diamonds* e seios espalhados
no chão

Lucy desdobrada ao léu e ao linho
do vestido branco rasgado
nas pedras no caminho
Uma rota indecisa e diáfana
que o não saber dos nervos
com dentes escreve
(ao fundo podia ser mar
podia não ser nada)

Um terrível agudo segredo
tatuado em cada segundo
queimando bom na boca
sem antídoto ou castigo
Serpente

DELÍRIO

Assim
como um cavalo negro

Mais

como se lhe caíssem asas
e seus músculos explodissem
em voo

ou antes ou melhor
cem alados cavalos

E depois
a perdição

— embora frescos
os flancos os lábios o sopro

mas ardentes
as garras em guerra

O efeito
do universo que verbera
uma vez e sempre
amanhã também

em corpos abertos
sobre estigmas e estames
da morte

Por ora
morta

ANÚNCIO

Lamento:

essas carrancas
estão habitadas

ERRO

Naquela tarde de muitos anos
ela enfim falou de amor
Um incêndio atravessou-lhe os nervos

Mas ela se referia ao ar ao mofo
que sufoca em torno de ícones
fósseis esquecidos sob aterro

Naquela tarde de muitos anos
o fim precedeu o início
Nele a morte veio aos ossos

CASTIGO

Saudades todas essas
até quando desobedecem
à consciência

O sol posto é cruel
: entre sombras
os vermelhos de um rosto

SOBRE COMO ESTAR DESERTO

I

Em modo mudo é impossível
a emboscada — anestesia
de predador e presa

O neutro
nem bom nem mau
o instante nenhum

Seca

II

No ventre o excesso de números
símbolos sem calor espessura e trama
de letras

abstratos numerais
espalhados sobre eras de gelo
expressando intransponíveis léguas
dali ao fundo ao topo
datas contas relatórios
de perdas

Então por acaso castigo ou traição
o olhar recai sobre o celular
À semelhança de insetos em fuga

fragmenta-se o reflexo
em mil pedaços de dúvida
lacunas assombro medo
elétrons de nadas

III

Procuram-se outros prisioneiros
de telas em branco

para o alerta

Durante as migrações
crocodilos devoram os tolos
perdidos
da manada

HOMICÍDIO

Porque escutava
terras e plantas
as trazia nas mãos
Era sua oferta

— não sabia das farpas
histórias de culpa
do outro lado a faca —

Sem tempo de troca
a veia é cortada

Flutua

com sangue empapado

e ainda duvida
se foi por amor

EM QUEDA LIVRE

O dramaturgo acorda e vê
não devia ter feito dito escrito nada

Pouca vida?
Escalasse o poste
em frente à casa
por sobre o carro

Ali sim o claro é ofício
(na trama dos fios até se alternam
casais de tuim e joão-de-barro)
Do alto veria a cidade toda
seu mundo tolo

Saltasse – o estilhaçar dos ossos
dentes quebrados
Tocaria as feridas e esqueceria
(tudo real tão simples e somente)

Mas não
ele faz diz escreve insiste
é tão ar é mais forte

E frio sente a febre sem sair do lugar
(pouco sabe ou aprende de rupturas
hemorragias fraturas do espectro)

Contágio ou emboscada de tigres
não tem escolha nenhum atalho

Lentamente vai caindo
para onde não há

Quase antevendo o baque
apaga-se ilumina-se
agoniza comemora
em queda livre

OUTUBROS

Outubros nos prendem para sempre
no mimetismo banal cortante
dissimuladamente mortal

Continua pontual o mundo
: cai o operário do andaime
sobre seu filho de oito anos cai o destino
a moça se alista entre jovens nudistas romenos
a outra compra a cópia de Alexander McQueen
sob o tempo supurado o velho não vê nada mais

Contudo aqui estamos: condenados nós
às tardes pétreas aos cálculos metálicos
confundindo os rins rastros mapas astrais

Ainda indiferentes
polens semearão desejo e loucura no último
e ínfimo vegetal nas salamandras nos abutres
infestarão os corpos

Talvez neles
nas bocas dos mortos
como nas nossas
também amargue o gosto azedo
dos que não foram amantes
dos duplos desfeitos dos ausentes
o gosto dos ossos
de terra seca

POST SCRIPTUM

As questões perderam espaço
a consistência e a fúria da vontade vaporizaram-se
entre um sopro e o movimento do inseto

Ontem e depois são quase iguais
ao erotismo infecundo do vidro

Um corte um tiro um grito? Não

Conceitos neutros isopor manchas antigas
esquecidas sobre roupa igual

A verdade é que do choro (não direi pranto)
esperava resposta era um apelo
(chantagem contra o tempo estratégia
engano espera — naquela vida sim)

II

Faz muito morreu a máquina das lágrimas
Há um túnel — longo vazio
onde as perguntas mofam

Onde o dia a voz
quando se foi a métrica da fuga?

Atravesso ruas rios o sono
em busca de trapos objetos lembranças
quebradas nas dobras de antes

Posso ir e vir ouvir *indie rock* ler em francês
aprender novos sinais rever Allen
rir à beira do escândalo
fazer que está tudo bem

III

Mas fico
personagem fico
não choro mais

ANIVERSÁRIO

Cinquenta anos não vieram
com astúcia e ciência

Não os convidei

Caminhava
quando me acertaram

Com eles se abriu
imensa folha
de papel em branco

encobrindo
o céu
o Cristo no monte
as horas

E eu

– só –

não sei

FRINCHAS

(Imagem idade fora do espelho
facilmente se perdem)

Um movimento sem arte e moral
perfura as vértebras — um vapor
que os segundos suturam inúteis

São coisas e nomes de ilusão
Continua a sedução avança
com a corrosão das bordas do tempo

A potencial aventura é assim
quase um corpo
Só quase

Saber envelhecer
é conformar-se?

Não se adia a morte da tarde

LINHA FINAL

Falaríamos de amor
rugindo vigoroso tenso
nos filmes e livros?

Possível

mas nos lembremos
: há o não ser
: caímos dos quadros
: o tempo passou

A culpa moderna vem
e agora é nossa
expirou a validade
(vencemos?)

Desbotado o carimbo da lata
apagam-se datas

Não perguntaram
se queríamos a trama

O luminoso avisou
: ponto final

Descemos

PROJETO DE VIAGEM

Mergulho voraz — *loops* alguns —
na suave vertigem de algo azul
e transparente e morno
e doce (preciso dizer)
como a força de um mar distante

Não menos atordoante esse mar
porque pulsando longe
sobre o dorso liso
de uma fotografia

No percurso (que aceito ciente e cego)
largo sanidade paciência equilíbrio

O que não foi ou será ilusão?

Aqui bem perto (meu reflexo)
sou eu em vidro
no cartaz da agência de turismo

distante bêbado de engano
lamento delírio
e paralisia

CLÍNICA
(à maneira de Eltânia André)

I

Sofremos iguais
inacabados e iguais
aqui
em Bali
Nepal

Morremos iguais
ignorantes e iguais
aqui
em Manaus
Cadaval

Uma flor igual
em cada cova
funda ou rasa

II

O relógio desperta
abrem-se os sinais
os filhos de bicicleta

Só precisamos de um foco
na sorte das cartas
dos búzios do ar

Somos a promessa
no horóscopo de hoje

DO QUE NÃO GUARDARÍAMOS (I)

*"I will show you fear in a
handful of dust"*

(T. S. Eliot)

O momento de dizer
libertar os elementos
veio e partiu tantas vezes

As palavras gangrenando
antes que tomassem o ar
enterradas contra o vento
mudas nas veias abertas

Conveio o silêncio?
O risco de ouvir o não
contornado?

Nenhum poema uísque
ópio ou comprimido
abriu um século ou outro

Estávamos resguardados
convalescendo da inanição e cegos
às salas propícias às penumbras
aos indícios

A espera nos salvou da vida
Todas as vezes
voltamos sem ir

Não fomos
nada

DO QUE NÃO GUARDARÍAMOS (II)

O tempo certo das coisas
não nos escolheu

São-nos alheios nomes
densidades formas entranhas

deixamos ofensa no antes
no muito depois

Onde o perto
onde o longe bastante?

Vasculhamos cada sinal
vestígios que digam exatos

quando o começo
e o ponto final

DO QUE NÃO GUARDARÍAMOS (III)

Seguíamos lado a lado
repletos da soberania
dos nossos universos
As verdades (as suposições)
as vaidades
gritando a cada estilhaço
dos galhos pisados

Todo esgar todo riso
apenas efeitos involuntários
de adestrados músculos faciais

As árvores elas sim fingindo indiferença
gargalhavam genuínas
de nossa solene e falha consciência

Junto ao rio
paisagem que a nós sobreviverá
enfim percebemos

nenhuma solidez e valia
traziam os mil cubos e esferas
obras palavras enredos inúteis
moldados com esforço orgulho
e insistência a cada dia

Eram ilusões
quase plumas

Silenciosamente
desfaziam-se
no ar

ESTAÇÃO

Na vitrine eu invejo
um uniforme de soldado
uma ave de penas raras
o cão castanho de olhos azuis
carro para ir à universidade
férias com amigos
o aceno com calor na mão do pai
minha avó mais velha e ainda
erros desfeitos nos olhos de quem não viu
erros desfeitos nos meus olhos quando não vi
palavras perdidas na pressa da vida
compreensão dos limites impostos
um momento a mais antes de libertar a ira
o amor que não bastou porque menor na troca
voz e mãos e passos adiados
o silêncio que salvaria

No painel de chegadas e partidas
a imagem de todos que sendo
não fui para sempre

A passagem marcada não deixa tempo
para entrar e comprar

abaixo a cabeça
dou três passos
e vejo lojas vazias

O menu virtual não tem a opção
voltar

NÓS

Onde estivemos
no último inverno no último verão
nessas centenas de estações?

Éramos nós ou
nos esperávamos
à sombra de nada?

A cada passo
na mesma calçada
tudo muda e seguimos
corpo alma deslocados

Sim
chega um tempo
a vontade da virada
do levante

e nenhuma lembrança
pode nos salvar

Os olhos se fecharam
estávamos desacostumados
de nós

Nos perdemos
para sempre

À DERIVA

Largo monumental de histórias
lajes antigas
e duras estátuas equestres

No epicentro da cena
olho ao lado e vejo
que se foram as unhas os dedos
minha mão parte do antebraço

E dói a dor que me pertence
e respira fundo
rente ao meu tempo-todo

Sei entretanto do jato de sol
descendo bem à frente
Eu sei

mas nele um anúncio —
não demora
logo o mar
cobrirá o último passo
E eu ainda murmuro

Sou aquele que ri
durante o naufrágio

ANTÍDOTO

Não é possível trazer aos olhos
histórias e lendas novas

Os erros cravados nas vísceras
não são vistos ouvidos
e nem esquecidos

estão presos malpostos
queimam o esforço diário
de imitar heróis

crescem tão mais tão muito

Houve um tempo
ali talvez vivessem possíveis
seres capazes de extirpar agulhas rochas

mas eram insetos
logo extintos
pelo efeito concreto final irrefletido
de um qualquer papel (de bala)
amassado e jogado
sem pena ou razão
ao fio e fluxo do descompasso

onde ainda estremece
incrédula ainda
a última chance
da última vida

CADEIRAS

As cadeiras continuam dispostas
onde estavam sentados
E que fique bem claro
: já não há ninguém

Ali por perto o que sobrou
um homem as pedras da memória
feixes de silêncio e medo
o vazio dos espaldares e seus recortes

Essas ausências têm matéria e poder combustivo
sobem ácidas do alto ventre ao peito
Dali se espalham pelos braços
e ardem em delírios

Não há saída visível para o corpo
essas coisas têm a propriedade da aderência
e nas roupas de Jekyll e Hyde
costuram-se com fios de fogo e frio

Se o corpo lamenta os cadeados
três a cinco gotas de ilusão
passam luz pela boca
— a que transluz pelos encostos

Parecem voltar os que eram amados
— estão até os que não disseram adeus
os que perdoam na miragem
e então e de qualquer modo

absoluta fatia de paz um copo d'água saudade
o sublime a impressão do abraço e de que ainda
as mãos seguram mãos
mesmo que já nada nos pertença

O PULO DO GATO

Recostado à porta do acaso
esperava a transfiguração

clareza nos olhos
voo mergulho fogo

(viria a revelação
troca de pele)

Mas terras e nomes disseram flores
e ainda projéteis e farsas
e a hora foi mais veloz
do que os sentidos

Perdi o momento de partir
o norte da migração

Agora
nas pausas da noite
fica o gosto pouco de raízes
a tênue respiração de pequenas asas
o desconhecimento da vontade dos pés
e das mãos

DAS ESCOLHAS POSSÍVEIS

I

Hamlet

seria feliz se deixasse de ser tão igual
a si mesmo ao seu pai trisavô ou
a seus antropoides ancestrais

abandonasse de vez os clichês
virasse a mesa
desse espaço aos desejos
fosse um louco atrás de visões
transcendentais

— o analista quer convencer —

Hamlet

parado parado parado

II

Ele ouve:

um deixou mulher e filhos foi à luta
com sua garota tatuada e depressa
se afogou no Pantanal

outra fugiu para a Argentina com o louro
estagiário e está só na casa de mil metros
quadrados sobre inúteis lençóis

os jornais afirmam que há
suicídios entre transexuais

III

Ele ouve:

destemperada gritava salmos no culto
enquanto ao marido reservava insultos
o homem arrumou a mala saiu no meio da noite
e mora em Palmas com a jovem frentista

criativo limpo elegante o advogado
não a convencia mas assim mesmo aceitava
até que a professora de dança
a abordou na academia

carreiras bem-sucedidas não garantem alívio
no topo executivos costumam saltar
e se tornam músicos pintores poetas
performers ou ilusionistas

IV

Entre o inferno e o céu
suado ou sedento
como um cão sem dono

Hamlet

não sabe

Apenas segue
parado parado parado

TRANSFERÊNCIA

Ao corpo é que não podia habitar

cansaço do silêncio
de só ouvir eu também
ou nada ou o ridículo todas as vezes
em que ainda insistiu e disse
eu te amo

CRISE DA POESIA

Há quase metade de meio século
o marido dela tinha fartos cabelos
negros e lisos
Mas morreu aos vinte e oito anos
de infecção ao extrair o segundo siso

Ainda assim teve cabelos negros e lisos

O desconhecido na cerimônia de casamento
tem bastos cabelos grisalhos
está ali ao lado da mulher
um pouco gorda e muito decotada
e desce os dedos pelo risco
de suas costas nuas

Confortável em seus cabelos de prata
há de fazer churrascos aos sábados
quem sabe jogar buraco às quartas

Alguém diz que busco ser poeta
vinte e quatro horas por dia
e me pergunto se há poesia
em invejar os cabelos do morto
ou do idoso grisalho
que é anônimo
e assim
se basta

AUSÊNCIA

Meus dois amigos morreram
meus dois amigos morreram

legaram-me uma tartaruga
gigante das Galápagos
que não cessa de crescer
dentro do meu peito
e não me deixa respirar

guardo seus nomes e números
no celular (eu também os tatuei
no tempo) mas não
nos falaremos nunca mais

nem um sorriso nem outro
nunca mais

meus dois amigos morreram
meus dois amigos morreram

perco a conta dessas gotas
que insistem
e morro com eles
sem ter aonde ir

não vejo não escuto
com a mordaça dessas mortes
não vêm palavras
nem sei o que fazer

o nunca pesa
é fundo
a estrada é extensa demais

e os antúrios indiferentes
voltam a florescer

FUGA SOBRE TEMA BANAL

Sofá cinza sob manta amarela
no endereço distante (começa a cena)

um bolo de laranja
acena delicadamente
com cobertura de chocolate

o relógio o engana e assente

talvez toque o celular
e a salvação caia do céu

como uma pedra um asteroide
ou como esteroide
que prepare
para a final revelação

quem sabe a espera resolvida
anunciada aos gritos
perdida embora
num sempre gesto
de mortal desdém

HENRIETTE D'ANGLETERRE

I

O poema terminado
falo de gravatas novas
da armação que comprei
depois de ir ao cinema

Henriette d'Angleterre
no conto relembra
três dedos de prosa

II

Imagino o poema
suficiente em forma
Talvez o pudesse ler
em voz alta
e me diria que sim
é isso

Faço assim
insisto
não quero aprender
o silêncio
o seu
tão vasto
sob os nós
de uma noite
sem volta

DE ALGOZES

Os gritos impostores
das seitas são como
clarins de circo

inocentes jogados aos ursos
sob teias
feitas de línguas

quem pode julgar
dizer?

ajustado o foco se vê
é firme o abraço do urso
melhor do que o engodo
de biscoitos da sorte

GEMA

> "um anjo que / tem a boca
> pintada / que tem as unhas
> pintadas"
>
> (Cacaso)

I

Ainda o medo da morte que retalha
em pedaços menores a última fatia

ameaça refeita com outras faces
quando vezes tantas já cobrou tarifa

: alguém se levanta e se escora nas amuradas
e caminha e disfarça e finge que canta

II

em doses poucas um antídoto escorre
de uma ou outra dessas folhas azuis

alinhadas entre línguas
que não falamos e monumentos

as gotas rolam sobre cabeças e então
apagam facas e falsas liturgias

III

quando a pequena mulher sorri ou diz
um gosto um regalo desce corre pela pele

entre o dentro e o fora pelo breve instante
toda deformidade se faz vento

GUICHÊ

No teu peito
a solidão
da minha vida toda

bilhete de volta
sem ida

PERDÃO

Deixei as mãos
no teu rosto
Era sacrifício
à beira do caos

Jeito vão de pedir
silêncio e voo
água como era
longe dos ossos

Meu filho está morto
naquele adeus

INSOLVÊNCIA

Vem de longe um som
apodera-se

cumpre o perdido destino
que nos cabia

a funda ilusão da música
acende

por um instante engana
as ruínas da casa

INFILTRAÇÃO

Ao felino sem pata
quando acorda
ruge a morte

depois
passando o dia
acostuma-se à vida

e fluem rios
filtros de engano

as unhas tentam esquecer
da água e do sal

gotejando sobre a dormência
no local exato

da amputação

JARDIM

> "Agora tu entenderás por que
> meu coração não pulsa em
> tuas mãos."
>
> (Anna Akhmátova)

O movimento da boca
por trás da cerca viva
fazia brotar folhas
nos meus braços

Deste lado vegetava
no teu rosto
e o coração caído
quase o entreguei às mãos
que em mim esvaziaram o tempo

Erro: sem escolha
secou o rio onde nasceria
a memória

DISTONIA

Cada passo
atrasa o futuro
tece arremedo
engana o senso

crente
arrisco o fígado
um último rim
mastigo os vidros

da boca
da voz
para esquecer
os cacos

retalhando
nomes
tempo
todos nós

TATUAGEM

Dizer de noites desatadas
ou lágrimas maiores que toda água
dessa imagem rasgada a erro
do esquecimento negado ao medo

Nada
Nada apaga

o risco azul de um nome
queimando no ar

a corrente
descendo lenta
ao fundo
do mar

PONTO

Ali mesmo intuíamos
todo o não ser

Cada passo crescia
a dor das ofertas

reprimidas
adiadas

Era a imobilidade
— a dos ícones

imersos na vocação
dos cortes e silêncios

As quedas
(simples assim)

transluziam
na foz do vazio

GOTHAM I

Nesta noite
Gotham não será salva
o herói passou o dia em luta
com seus hiatos e reticências
e esse céu malva arde a febre
das ausências e cobranças

Além disso há a miopia
e a alergia a lentes de contato
Não se usa óculos sobre máscara
e faz tempo faz tempo
foi-se a Mulher-Gato

GOTHAM II

1

Entre ressentimento e fúria
Afogado
em enzimas de plantas carnívoras
essas produzidas
para digerir
insetos

II

Nesta manhã
Gotham não será salva
Estarei mudo e surdo
às súplicas e ranhuras

E além disso
— claro o protesto —
sequer cortarei
as unhas

O QUE NINGUÉM VÊ

A luz no céu te chama
magos antigos
pássaros migrantes
a seguem

Esperam todos
o destino repouso
outro tempo
sem tiros e derrames

Acreditam na tua aparição
sombra contra as sombras
o delírio secando o sangue

Vá ao teu avesso
Por dentro
nada mais te esconde
: o homem matou o homem

EM MODO (RE)INAUGURAÇÃO

> *"Open the door and look in*
> *Everything is in the place"*
>
> (Mary Jo Bang)

Abra a porta e olhe pra
dentro tudo no lugar

mil vezes arranquei porta trinco
lancei chamas lava espuma lágrimas
sobre os móveis as plantas sobre
meu corpo inerte naquela mesa

Fugi
tentei perder-me

mas eu — arco alvo e flecha —
esperando ao largo
com as armadilhas

Salvo salvo salvo
dominó em *flashback*
fênix renascida de si
antes do conforto das cinzas
do golpe de misericórdia
dos litros de daime sangue
(trilha sem sol)

A vontade
essa se foi

A porta
é porta é porta é porta

Olhe pra dentro
insisto
: tudo no lugar

nada no meu

SEM SINALEIRO À MEIA-NOITE

(cenário)
Atravesso a rua de mão dupla
trânsito agudo e feroz

(1ª opção)
Volto-me à música
que sopra da boca
e não resisto
ao gosto forte de pele

É fácil crer

(2ª opção)
Mergulho no vácuo de três mortes
e saio sem cortes
— visíveis —
de seus dentes

Do outro lado
sempre é passado

(3ª opção)
Escolho a contramão
de meu peito
antes que venha a hora
de bater o ponto

Estou limpo
(as)ceticamente findo

(nota do A.)
Só rua e travessia são reais:
o personagem em ruínas
quando muito
se esgota em letras

QUEDAS

Desastres aéreos
: quedas no mar
colisões sequestros

sem hora marcada
em todo lugar
as explosões

Não sei quando
sobrevivi

DEDICATÓRIAS

Sem passagem para Barcelona é para Rita (sempre)

"Ainda sobre falar bretão (sem tradução)" — para Ruy Proença

"Radical" — para Rosa Maria Weber

"Sobre como estar deserto" — para Ana Maria Lopes

"Outubros" — para Maria Doralice Novaes

"Clínica (à maneira de Eltânia André)" — para Eltânia André

"Ausência" — para Wilson Coury Jabour Júnior

"De algozes" — para Ronaldo Cagiano

"Gema" — para Mariza Lourenço

"Sem sinaleiro à meia-noite" — para Vagner Muniz

SUMÁRIO

Sorte	7
Ainda sobre falar bretão (sem tradução)	8
Baque	9
Perplexidade	10
Flayed figure	12
Radical	13
Ritual	15
Tradução	17
Intimidade	18
Beija-flor	19
Opção	20
Boletim	21
Muda	22
Verso e anverso	24
Contraste	25
Quando ela foi para Bremen	26
Viagem	27
Carma	29
Arrolamento	31
Táxon	32
Estudo para cinco homens e duas janelas	33
Catálogo	35
Manhã	36
Contentamento	37

Mudança	38
Presença	39
Oriente	40
Arte	41
Bright stars	42
Anestesia	43
Átimo	44
Por (a)ventura (como em M. Duras)	45
Delírio	46
Anúncio	48
Erro	49
Castigo	50
Sobre como estar deserto	51
Homicídio	53
Em queda livre	54
Outubros	56
Post scriptum	57
Aniversário	59
Frinchas	60
Linha final	61
Projeto de viagem	62
Clínica (à maneira de Eltânia André)	63
Do que não guardaríamos (I)	65
Do que não guardaríamos (II)	67
Do que não guardaríamos (III)	68
Estação	70
Nós	72
À deriva	73
Antídoto	74

Cadeiras	76
O pulo do gato	78
Das escolhas possíveis	79
Transferência	82
Crise da poesia	83
Ausência	84
Fuga sobre tema banal	86
Henriette d'Angleterre	87
De algozes	88
Gema	89
Guichê	91
Perdão	92
Insolvência	93
Infiltração	94
Jardim	95
Distonia	96
Tatuagem	97
Ponto	98
Gotham I	99
Gotham II	100
O que ninguém vê	101
Em modo (re)inauguração	102
Sem sinaleiro à meia-noite	104
Quedas	106

Pela literatura, pela poesia, pela amizade, por todas as delicadezas e pela leitura atenta, agradeço a Alexandre Guarnieri, Ana Maria Lopes, Angélica Torres Lima, Cristina Campelo de Souza Pereira, Eltânia André, Fábio de Sousa Coutinho, Margarida Patriota, Mariana Ianelli, Maria Helena Coutinho, Marta Alves de Figueiredo, Ronaldo Cagiano, Ronaldo Costa Fernandes, Rosa Maria Weber e Ruy Proença.

Este livro foi impresso nas oficinas da
DISTRIBUIDORA RECORD DE SERVIÇOS DE IMPRENSA S.A.
Rua Argentina, 171 – Rio de Janeiro, RJ
para a EDITORA JOSÉ OLYMPIO LTDA.
em março de 2015

*

83º aniversário desta Casa de livros, fundada em 29.11.1931